HENRIKE BRÜGGEBOES
Einschließlich Ecken und Kanten

Henrike Brüggeboes wurde am 30.12.1998 in Leipzig geboren. Seit einigen Jahren schreibt sie Gedichte. Sie liest, seit sie Bücher halten kann. Neben dem Dichten gilt ihre Leidenschaft dem Geschichten schreiben, dem Zeichnen und dem Sport. Ihre Gedichte sind auch in der Anthologie Wortwellensurfer zu lesen.
amregenbogen.wordppress.com

Henrike Brüggeboes

EINSCHLIEẞLICH ECKEN UND KANTEN

Gedichte

Mit Illustrationen der Autorin

Dieses Buch ist auch als E-Book erhältlich.

1. Auflage
Originalausgabe März 2015
Copyright © 2015 by Henrike Brüggeboes
Umschlaggestaltung: Henrike Brüggeboes
Herstellung und Verlag: BoD – Books on Demand, Norderstedt
ISBN: 978-3-734-77571-0
www.amregenbogen.wordpress.com

Für mich.
Und jeden anderen.

Hier mein Geheimnis. Es ist ganz einfach: Man sieht nur mit dem Herzen gut. Das Wesentliche ist für das Auge unsichtbar.
- Antoine de Saint-Exupéry

DU!

Ich will, dass ich meine Gedichte anfassen und lesen kann, und sie nicht etliche Male auf Rechtschreibfehler durchsuche, denn ändern kann ich es eh nicht mehr.
Mein Wunsch ist, dass dieses Buch Ecken und Kanten hat, so wie ich Ecken und Kanten habe. Dass es mich zeigt und für mich wie ein Spiegel ist.
Ich will mein „Ich" in diesem Buch fangen, so dass jeder, der es liest, ein Stück von mir und meiner Welt sieht.
Der wirklichen Welt ein Stück näher kommt und einen Moment innehält und all die Gedanken, Gefühle und Bilder meiner Worte auf sich wirken lässt.
Vielleicht lächelt dann jemand einmal mehr und weint dafür einmal weniger.
Denn das ist mein Ziel: Menschen glücklich zu machen - obwohl jeder Glück anders interpretiert.
Ich will mehr solcher Momente, in denen man einander zulächelt und sich vielleicht nie wieder sieht oder damit eine Bindung des Lebens beginnt.
Warum ich das mache, fragt sich sicher jeder, doch die Antwort ist total leicht: weil Bücher Orte der Liebe sind und ich meine Liebe festhalten will, damit sie für jeden, der sie sehen will, sichtbar ist und dazu zähle auch ich.

Und meine Gedichte sind meine Seele.

LEBEN

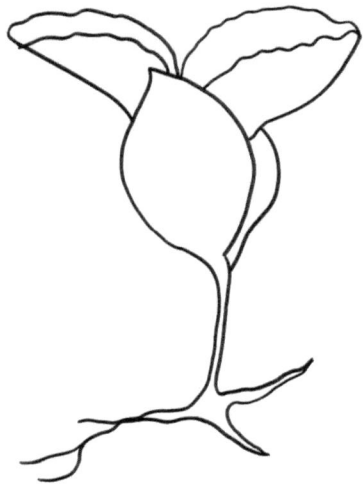

10

Am Ende wird alles gut. Und wenn es nicht gut ist, dann ist es noch nicht das Ende.
- Unbekannt

STILLE

Soll leise sein.
Tu ich aber nicht.
Ich bin laut.
Lebe im Jetzt.
Lebe nicht im Morgen.
Egal was das Leben bringt.

ZUKUNFT

Zurück blicken soll ich nicht.
Und doch tue ich es wieder.
Kein Tag vergeht ohne.
Und doch lebe ich weiter.
Niemand lebt im Jetzt
Früher oder später.
Trifft sich doch jeder.

SCHNELLSTRASSE

Es ist still
an diesem Abend.
Nur die Vögel
zwitschern ihre Lieder,
leise vom Baum hinab.
Kein Auto,
auf der Straße.
Kein Mensch,
auf dem Weg.
Nur du,
auf der Schnellstraße
meines Lebens.
lässt keine Ruhe.

DU MUSST!

Du musst hoch
auf den Regenbogen,
und du musst fliegen.
Du musst diesen Felsen
in die Höhe heben,
und in 500 Jahren noch leben.
Sie sagten es mir,
immer und immer wieder.
Du musst es!
Du musst es!
Du musst es!
Ich wartete auf Regenbögen,
ich wartete auch Windböen.
Doch sie kamen nicht.
Und ich brach mir meine Hand
Und versuchte lang zu leben.
Und die Zeit verging.
Du musst!
Du musst!
Ich kann es nicht.
Ich kann es nicht.
Ich tat nichts anderes mehr,
und war einsam.
Einsam und konnte nichts.

Kaputt von der Welt
Mit den Menschen
Den Lehrern
In der Schule
Die Anforderungen
Die zu viele sind
Zur selben Zeit
Mit den Schülern
Die alles lustig finden.
Und du
Du stehst da

ALLEIN

SORGEN

Mach dir keine Sorgen.
Über die Liebe,
die verweht.
Über die Familie,
heute hier, morgen dort.
Über die Schule,
bald ist es vorbei.
Über die Schüler,
die haben alle bessere Sorgen.
Über die Lehrer,
die bekommen es selbst nicht hin.
Über die Welt.
Heute ist Sonne, morgen ist Schnee.
Sorge dich um dich,
Du bist deine Welt.

FREIER FALL

Du lebst in Freiheit,
doch du kommst nicht weit.
Sie schubsen dich nieder,
mit jedem Schlag wieder.
Du fällst immer ein Stück tiefer.
Doch sie machen es noch lieber.
Doch du stehst wieder auf.
Andere schauen zu dir auf.
Du liebst die Provokation,
man hört es an deinem Ton.
Doch du lebst im Dunkeln.
Du hörst jeden hinter dir munkeln.

DIEB

Die Straße ist hell
    Doch ich bin allein
    Da ist niemand
Ich laufe
    In die Dunkelheit
    In einer hellen Stadt
Einsamkeit
    Etliche Leute um mir
    Erinnerungen bleiben
Bedeutet hat es nie
    Bedeutung hat es nicht
    Bedeutung wird es nie haben

SCHNEE

Die Sonne scheint.
Der Regen weint.
Beides glänzt,
doch keiner kennt's.
Es muss zu dir passen;
dann kannst du es auch erfassen.
Du wirst es kaum glauben,
aber das kann dir keiner klauen.
Jeder Zeit kannst du dich erinnern
und dann fängt der Schnee wieder an zu schimmern.

WARUM?

Wieso stehen wir jeden morgen auf? Gehen zur Schule. Versuchen aufzupassen. Quälen uns aber eigentlich nur. Sind froh raus zu sein. Gehen, dann aber nur nach Hause. Sitzen dort rum. Vor unseren Handys und machen nichts. Gehen schlafen. Stehen in aller Frühe wieder auf. Und machen dasselbe wieder. Wieso? Um später einen Beruf ausüben zu können? Bei dem wir immer noch früh aufstehen müssen. Der uns irgendwann zu einseitig wird. Damit wir noch mal in die Schule gehen, um was anderes zu lernen? Oder um glücklich zu werden? Mit einem Partner. Küsschen hier, Küsschen da? Das hält sowieso nicht lange. Und dann stehen wir wieder alleine da. Ohne Glück, mit einem langweiligem Beruf. Und dann fängt es wieder von vorne an. Küsschen hier, Küsschen da. Allein. Beruf langweilig. Wieder in die Schule. Neuer Beruf. Küsschen hier, Küsschen da. Allein. Beruf langweilig. Wieder in die Schule. Neuer Beruf. Wieso brechen wir es nicht gleich ab? Wo ist da der Sinn? Wir schleppen uns von einem Unangenehmen zum nächsten. Das kann ja nicht der Sinn des Lebens sein. Die paar Küsse zwischendurch machen es vielleicht erträglicher. Aber soll das Leben nicht schön sein und nicht nur erträglich? Wieso kämpfe ich mich weiter, wo ich doch keinen Grund mehr sehe?
Für meine Familie vielleicht und um einigen zu beweisen, dass ich es kann und sie es auch können. Obwohl der Grund schon ziemlich träge ist.

KLEINIGKEITEN

Ich schau in die Landschaft
und habe keine Kraft.
Die Sonne ändert wenig
und der Schnee eh nicht.
Ich frag mich so oft,
hat niemand von euch gehofft.
Gehofft, dass sich alles ändert
und gedacht 'Jetzt, wann dann!'
Doch ihr hattet nie den Mut,
nur eine Riesenwut.
Du willst Veränderungen?
Dann mach es dir gelungen.
Fang du doch einfach an!
Es ist egal wann.
Eine Kleinigkeit,
reicht oft meilenweit.

FREIHEIT

Es ist die Freiheit,
die nach dir schreit,
du hörst sie so weit.
Du willst fliehen,
doch sie war nur geliehen.
Sie sperrt dich immer wieder ein,
und du bist nur noch am weinen.
Du willst raus aus diesen Mauern,
hinter jeder Ecke ist etwas am lauern.
Du willst fliehen,
sagst aber kein Wort.
Du redest eine Menge,
doch es hat keine Länge.
Was willst du wirklich?
Das frag ich mich.
Denn du sagst es nie.
Willst du denn wirklich fliehen?
Du musst es sagen.
Musst es einfach wagen.
Was ist Freiheit für dich?
Was ist sie für mich?

ICH VERMISSE

Den Kampf um mich.
Neue Seiten,
An ihm zu entdecken.
Ihr echtes Lächeln.
Die Freude in der Schule.
Die Pflaster,
Die die Tränen stoppen.
Die schützende Familie.
Das bunte Leben.

Die vielen Menschen .
Das offene Reden.
Dich, mich, euch, uns.

DIE ALTE ZEIT

DER SINN DES LEBENS: SINUSSATZ

Eines Tages wirst du dich fragen:
Was habe ich in der Prüfung geantwortet.
Weil dir jetzt jeder sagt:
Das ist wichtig!

Doch es ist nicht wichtig,
denn auf der Straße
wird dich niemand fragen:
Sinussatz? Was ist das?

Sondern jemand fragt dich,
Ob du einen Kaffee trinken magst.
Und du wirst nicht wissen,
Wie du ihm,
ohne um den Hals zu fallen,
sagst
dass du nichts
lieber machen würdest.

Denn der Sinussatz war wichtiger.
Als die Antwort
auf den Sinn des Lebens.

LIEBE

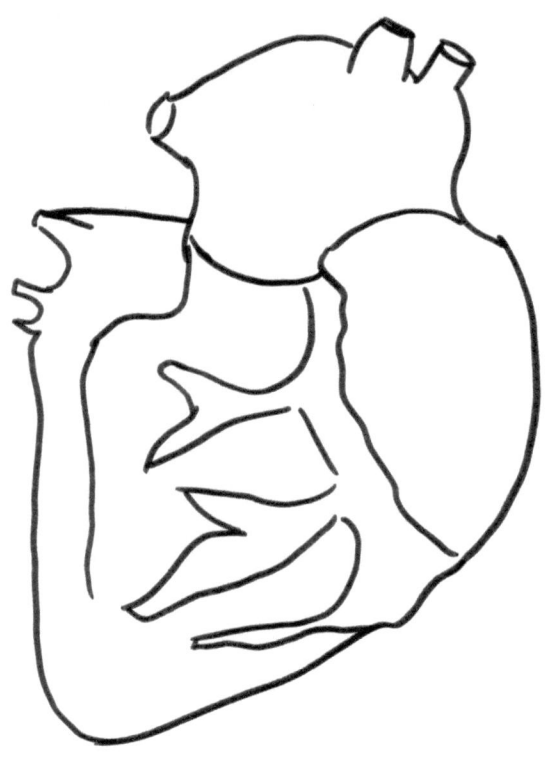

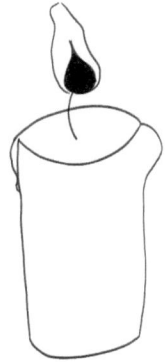

Liebe mich dann, wenn ich es am wenigsten verdient habe, denn dann brauch ich es am meisten.
- Unbekannt

ICH LIEBE DICH SO SEHR

Ich liebe dich so sehr!
Doch das zu zeigen fällt mir schwer.
Ich werde es versuchen.
Willst du in der Zeit vielleicht Kuchen?
Nein, das ist kein Spaß.
Los, iss den Fraß!
Nein, ich bin nicht sauer,
ich bin nur auf der Lauer,
vor den Gedanken, die mich überfallen
und immer weiter schallen.
Sie werden nie leise
und ziehen ihre Kreise.
Doch das ist kein Grund
nicht viel Nettes kommt aus meinem Mund.
Trotzdem rede ich mich wund.
Ich versuche doch, für dich da zu sein,
doch es ist schwer, nicht zu wein'.
Die richtigen Worte finden, ist oft so schwer,
viel zu oft sind sie leer.

ES IST DIE LIEBE

Es ist die Liebe,
Doch sie ist nicht immer deine Wiege.
Oft ist sie auch Hass,
Und dein Gesicht wird langsam nass.
Oft macht sie dich kaputt,
Mit einer Riesenwucht.
Doch das darf nicht sein,
Dein Herz ist doch so rein.
Denke nicht an morgen,
Leb' im heut'
und mach dir keine Sorgen.

ZU ZWEIT

Wir sitzen da
und schauen uns an.
Unsere Gedanken verwirrter denn je.
Doch wir sagen nichts,
Wir führen Smalltalk.
Doch keine Worte auf unseren Lippen.
Wir denken viel,
und doch nebeneinander her.
Denn wir sitzen zu zweit.
Unsere Gedanken allein.

ICH UND DU

Ich bin hier
Du bist da
Zu zweit und doch allein,
wolltest du das?
Doch wir haben uns auseinander gelebt.
Auf jeden Fall
ist etwas schief gelaufen.
Wollen wir das hin bekommen?
Ich hoffe schon.

LIEBE

Die Sonne erstrahlte deine Augen,
der Glanz darin berührte mich.
Du allein bringst Wärme in mein Leben.
Ich reiche dir meine Liebe.

Du wendest dich davon ab,
sprichst kein Wort mit mir.
Ich verkümmere erbärmlich,
lebe in einem Sturm.

Manchmal spüre ich dich,
in ungefragten Schweigemomenten.
Kalte Schauer
ziehen über meine Wirbelsäule,
Meereswellen spülten fort,
was wir waren.

Mit den Anderen so fröhlich,
teilst Lachen und Weinen mit ihnen.
Mir bleibt alles verwehrt,
verschwinde unter einsamen Schnee.

Dir ist es nicht recht:
Meinen Augen glänzen,
meine Lippen sind rot.
Blutrot, ich bin so verloren.

(mit Anna S. Höpfner und Manuel)

DU

Die Zeit lässt mich
deine Berührungen vermissen.
Deine warmen Hände um meine.
Deine Lippen auf meinen.
Deine Küsse an meinem Hals.
Deine wandernde Hand.
Dein Lächeln.
Dein Blick, wenn ich etwas Kurzes anzog.
Das bisschen Stoff, was uns trennte.
Deine schützenden Umarmung.
Denn dann
vergaß ich alles,
Für eine Zeit.

WÄRME

Umschlossen von deinen Armen,
umhüllt in deiner Wärme;
kann ich schlafen.
Ruhig und ohne Sorgen.
Jeder Kuss von dir nimmt eine Sorge aus meinem Kopf.
Ich danke dir,
willst du ein Belohnung?
Denn ich weiß,
mit mir ist es nicht einfach.
Ich bin so launisch.
Kindisch.
Leise.
Laut.
Traurig.
Fröhlich.
Es tut mir leid,
ich versuche so sehr, es zu lassen.
bitte glaub mir.

VERTRAUEN

Ich dachte so lang,
dass ich dir
nicht vertraue.
Zu mindestens nicht vollständig.
Doch heute bewies ich mir das Gegenteil.
Ich stand da
und lehnte mich einfach an dich,
in vollem Vertrauen.
Habe ich noch gedacht,
für einen kurzen Moment:
Ich falle um, sobald du gehst.
Aber es war nur ein Gedanke,
der schnell verflog.

Du fühltest die Vertrautheit,
und du hast sie nicht zerstört
Du hast mich gehalten.
Ganz fest, in deinen Armen.
Mich mit deinen warmen Händen gehalten.

DEINE ARME

Deine Arme hüllen mich ein,
mehr noch deine Worte.
Für dich begehe ich Morde.
Eine Person sind wir,
du bist das Beste an mir.
Und doch bist du kalt wie Schnee.
Tut dir dein Herz nicht weh?
Du hasst dich,
und dann denke ich an mich.
Hab ich etwas falsch gemacht?
Ich habe nur an dich gedacht,
doch ich habe nie über dich gewacht.
Ich stell dir viele Fragen,
doch du träumst seit Tagen.
Seit Wochen hast du diesen Schmerz,
es ändert sich auch nicht im März
Nein, das ist kein Scherz.
Ich höre es aus deinem Herz.
Ich schau dich an.
Und frag mich dann:
Wann bist du wieder hier?
Bleibt das Wir?

GEFÜHLE

Die Enge ängstlicher Gedanken und
Gefühle ist ziemlich weit verbreitet.
- Ernst Ferstl

LEISE

Lauf' ich weg, läufst du hinterher.
Erschrickst mich zu Tode.
In jeder Zeit.
Selbst an jedem Ort.
Es ist schrecklich. Mach dich hin fort.

BEGEGNUNGEN

Ich laufe durch die Menge,
suche nach Gesichtern.
Aber will ich sie nicht kennen?
oder freu ich mich,
sie zu sehen?
Nach so viel Zeit?
Such ich sie?
Um mich zu verstecken?
Oder um ihnen, mit offenen Armen
zu begegnen?

UNRUHE

Ich kann nicht ruhig liegen.
Nicht ruhig sitzen.
Nicht ruhig denken.
Ich muss mich bewegen.
Umher laufen.
Umher rennen.
Doch nur die Tränen fließen
so schnell.
Ich wisch sie weg.
Sie sind nicht da.
Ich bin nicht da.
Stimmt es?
Bin ich wirklich so?
So schrecklich?
So mit mir selbst beschäftigt?

Der Wind weht Sand
in meine Augen.
Jedoch sehe ich
die Schönheit der Sonne
im Meer sich spiegeln.
Die Wolken schweben,
im Lila des Abends.
Die Möwen setzen sich
auf ihren Pfahl -
zerstören die vertraute

EINSAMKEIT

GEDANKENREISE

Ich liege nur auf der Lauer.
Vor den Gedanken, die mich überfallen
und immer weiter schallen.
Sie werden nie leise
und ziehen ihre Kreise.
Doch das ist kein Grund,
nicht viel Nettes kommt aus meinem Mund
Trotzdem rede ich mich wund.
Ich versuche, doch für dich da zu sein
doch es fällt mir schwer nicht zu wein'.
Die richtigen Worte finden,
ist oft so schwer,
viel zu oft sind sie leer.

TRÄNENMEER

Deine Tränen könnten Meere füllen,
warum nutzt du das Wasser
nicht zum Schwimmen?
An den schönen Tagen.
Dann könnten deine Gedanken
davon treiben.

Und du dort liegen
in dem Lächeln der Sonne.
Du könntest wie ihr Spiegelbild
auf der Oberfläche
des Wassers tanzen.
Während sie seelenruhig
zuschaut.

Und du könntest singen
mit dem Meer.
Der Stille
ihren eigenen Klang geben.

Bis das Licht des Mondes
dir einen sanften Kuss
auf die Wange haucht.
Und die Sterne
dir den Weg
nach Hause zeigen.

WAS ANDERES

Das Problem ist nicht das Problem.
Das Problem ist deine Einstellung zu
dem Problem. Verstehst du?
- Captain Jack Sparrow

SEHNSUCHT NACH DEM ANDERSWO

Du kannst weder drinnen
noch draußen sein.
Der Kessel pfeift im Wind.
Regen prasselt auf den Spind,
beim Abenteuer im Vagabundenwind.
Du kannst nicht nach draußen
und auch nicht nach drinnen.
Den Äpfeln entrinnt der Duft mit Wucht.
Das Feuer singt das Lied der Sehnsucht.
Du bist weder draußen noch drinnen.
Anderswo wo die Blumen duften,
können Menschen glücklich sein.

FÜR SIE

Wau wau, ich bin ein Hund
    und kratz mich ganz wund.
Quik quik, ich bin ein Schwein
    und scheiß mir gleich ein.
Mau mau, ich bin eine Katze
    und habe nur eine Tatze.
Torö torö, ich bin ein Elefant
    und pinkel an die Wand.
Piep piep, ich bin eine Maus
    und muss hier raus.
Blubb blubb, ich bin ein Fisch
    und lebe unterm Tisch.
Platsch platsch, ich bin eine Ente
    und brauche meine Rente.
Hühü, ich bin ein Pferd
    und koche auf meinem Herd.
Kriech kriech, ich bin eine Schnecke
    und lecke.
Wuhu wuhu, ich bin ein Wolf
    und heiße Rolf.
Schmatz schmatz, ich bin ein Hase
    und lebe in einer Vase.
Rawrr, ich bin ein Tiger
    und spiele in der falschen Liga.
Wachs wachs, ich bin eine Pflanze
    und geh immer auf's Ganze.
Sing sang, ich bin ein Vogel
    und kau auf einem Hobel.

Schlag schlag, ich bin ein Schmetterling
und mach Bling Bling.
Zzzz, ich bin ein Faultier
und trinke fast nur Bier.
Nam nam, ich bin ein Panda
und wäre gerne Fanta.
Schnee schnee, ich bin ein Rentier
und fliege auf allen vier.
Pitsch patsch, ich bin ein Delfin
und lebe in Wien.
Ssss Sss, ich bin eine Schlange
und lebe schon lange.
Guk guk, ich bin eine Gans
und liebe den Franz.
Brei brei, ich bin ein Papagei
und sage nur Brei.
Gu gu, ich bin eine Taube
und trage eine Haube.
Flatter flatter, ich bin eine Eule
und habe keine Beule.
Ia ia, ich bin ein Esel
und fresse täglich eine Brezel.
Mensch mensch, ich bin kein Tier
und habe eindeutig zu viel Bier.

BLUTROT

Die Augen blicken in die Dunkelheit.
Ihre Gedanken fliegen hinfort.
Sie sagt kein einziges Wort.
Sie hat Augen wie ein Reh.
Alles tut ihr weh.
Ihre Gedanken sind im morgen.
Sie hat zu viele Sorgen,
doch sie lebt im gestern.
Das Blut ist plötzlich am Plätschern.
Sie liebt das Rot
und ist schon halb tot.

DIE ANDERE SEITE DES KOPFKISSENS

Ich kann nicht schlafen,
meine Gedanken
wollen sich nicht ordnen.
Sie wollen hinaus,
aus meinem Kopf,
sich neben mich
auf mein Kopfkissen setzen.
Doch ich drehe das Kissen,
fange die Gedanken
für eine Nacht darunter.

NACHT

Nachts, wenn die Sonne geht
und der Wind kühl weht,
sich keiner bewegt.
Der Mond scheint
und sie leise weint.
Die Sterne hell strahlen
und sie trifft ihre Wahl.
Der Regen laut fällt
und sie ihre Waffe hält.
Dann geschehen die Morde,
ganz ohne Worte.

Inhaltsverzeichnis

- LEBEN 10
  - STILLE (September 2013) — 12
  - ZUKUNFT (September 2013) — 13
  - SCHNELLSTRASSE (August 2014) — 14
  - DU MUSST! (Juli 2014) — 15
  - SORGEN (06.01.2014) — 17
  - FREIER FALL (Januar 2014) — 18
  - DIEB (September 2013) — 19
  - SCHNEE (29.01.2014) — 20
  - WARUM? (März 2014) — 21
  - KLEINIGKEITEN (28.01.2014) — 22
  - FREIHEIT (Januar 2013) — 23
  - DIE ALTE ZEIT (Februar 2014) — 24
  - DER SINN DES LEBENS: SINUSSATZ (11.01.2014) — 25
- LIEBE 26
  - ICH LIEBE DICH SO SEHR (21.01.2014) — 28
  - ES IST DIE LIEBE (06.01.2014) — 29
  - ZU ZWEIT (Januar 2014) — 30
  - ICH UND DU (Dezember 2013) — 31
  - LIEBE (17.04.2014) — 32
  - DU (April 2014) — 33
  - WÄRME (Februar 2014) — 34
  - VERTRAUEN (Februar 2014) — 35
  - DEINE ARME (November 2013) — 36
- GEFÜHLE 38
  - LEISE (September 2013) — 40
  - BEGEGNUNGEN (April 2014) — 41
  - UNRUHE (April 2014) — 42
  - EINSAMKEIT (August 2014) — 43
  - GEDANKENREISE (Dezember 2013) — 44
  - TRÄNENMEER (15.09.2014) — 45
- WAS ANDERES 46
  - SEHNSUCHT NACH DEM ANDERSWO (September 2013) — 48
  - FÜR SIE (14.01.2014) — 49
  - BLUTROT — 51
  - DIE ANDERE SEITE DES KOPFKISSENS (November 2014) — 52
  - NACHT (Dezember 2013) — 53